Alexander Wurster

Verbindung mit der ICH BIN Gegenwart

Vom Denken ins Fühlen
Stärke deine Herzverbindung

Anleitung zu den
45 Karten

INHALT

Danke für deine REZENSION
– Gemeinsam sind wir mehr –

Liebe Leserin, lieber Leser,
von Herzen danken wir dir, dass du dieses Kartenset in den Händen hältst. Das bedeutet uns, dem Schirner Verlag und seinen Autoren, sehr viel. Aus voller Überzeugung und mit Hingabe widmen wir uns seit vielen Jahren Themen, die unser aller Lebensqualität und Bewusstwerdung dienlich sind, und hoffen, einen Beitrag für eine lichtvollere Welt leisten zu können. Wenn dir unsere Arbeit gefällt, möchten wir dich bitten, dir einige Minuten Zeit zu nehmen, um dieses Werk zu rezensieren. Warum? Die meisten Menschen lesen Rezensionen, bevor sie ein Buch oder ein Kartenset kaufen, da sie hierdurch einen Eindruck bekommen, ob und wie der Inhalt den Leser erreicht hat. Eine kurze Rezension ist dabei ebenso hilfreich wie eine lange, sehr ausführliche. Um es auf den Punkt zu bringen:

Eine Rezension ist heutzutage die beste Werbung für ein Autorenwerk!

Wenn du den Schirner Verlag und seine Autoren neben dem Kauf auch anderweitig unterstützen willst, dann bitten wir dich: Schreibe für jedes Werk eine Rezension – am besten auf der Seite, wo du es gekauft hast, und zusätzlich beim Schirner Verlag und bei Amazon.

DIE VERWENDUNG DER KARTEN

FRAGE UND ANTWORT

Verbinde dich mit Mutter Erde und Vater Kosmos.
Stelle dir eine Frage zu einem Thema, das dich gerade bewegt.
Mische die Karten von der rechten in die linke Hand, und sei dir gewiss, dass die passende Antwort für dich kommen wird.
Ziehe intuitiv eine Karte.
Spüre nach, was in dir geschieht, während du die Botschaft verinnerlichst.

BEWUSSTSEIN SCHULEN

Verbinde dich mit Mutter Erde und Vater Kosmos.
Stelle dir eine Frage zu einem Thema, das dich gerade bewegt.
Mische die Karten von der rechten in die linke Hand, und sei dir gewiss, dass die passende Antwort für dich kommen wird.

Fächere die Karten mit der Rückseite nach oben in einem Kreis vor dir auf.
Ziehe intuitiv eine Karte.
Stelle die gezogene Karte an einem Ort auf, an dem du sie regelmäßig siehst.
Je öfter du die Information siehst, liest und wiederholst, desto mehr wird sich dieser Aspekt in deinem Bewusstsein verankern.
Wähle erst dann eine neue Karte, wenn du das Gefühl hast, dass die Zeit gekommen ist.

ERDUNG UND INNERE BALANCE ERFAHREN

Alexander Wurster
Verwurzelt im Sein – in Harmonie mit dem Selbst

Audio-CD, ca. 45 Min.
ISBN: 978-3-8434-8392-6

MITTEN INS HERZ – DER WEG ZU WAHRER LIEBE

Alexander Wurster
Der dritte Raum deines Herzens

Audio-CD, ca. 40 Min.
ISBN: 978-3-8434-8393-3

Mit der nächsten Ausatmung lasse eine wunderschöne Wurzel aus deiner unteren Wirbelsäule entstehen. Mit jeder Ausatmung wächst sie tiefer in die Erde hinein, vorbei an Sand, anderen Wurzeln, durch alle Gesteinsschichten hindurch, immer tiefer bis zum Mittelpunkt der Erde, dem Herz von Mutter Gaya. Sieh oder fühle, wie sich deine Wurzel mit dem Erdkern verbindet. Die Erde steht für alle mütterlichen Aspekte. Du weißt, du bist jederzeit bedingungslos genährt, geliebt, getragen.

Lenke deinen Fokus erneut auf deine untere Wirbelsäule. Beobachte, wie unzählige feine Wurzelstränge aus deinem Kreuzbein entspringen. Sanft fließen sie um deine Oberschenkel, deine Knie, deine Waden, über deine Füße und zwischen deinen Zehen hindurch in die Erde hinein.

Nimm wahr, wie du dich mit jeder Ausatmung mehr und mehr in der Erde verankerst und ein breit gefächertes Wurzelgeflecht entsteht.

herum unermesslich weißgolden glitzert und funkelt. Wir sind da, Vater Kosmos, die Quelle, der Ursprung, Schöpfer von allem, was ist.

Bade in dem goldenen Fluid der Quelle, genieße die bedingungslose Liebe.

Dein Stern ist ein energetischer Schwamm. Lasse ihn Kraft tanken, und beobachte, wie er sich durch das göttliche Licht ausdehnt – doppelt so groß, vier mal so groß, acht mal so groß. Unendliche Liebe für alle, die danach fragen. Sei frei von Scheu, und nimm so viel, wie du gerade jetzt brauchst.

Wenn du so weit bist, lasse deinen Stern in deinem Tempo wieder sanft in Richtung Erde gleiten. Fliege durch die verschiedenfarbigen Nebel hindurch, und vertraue darauf: Du kennst den Weg bereits. Durch den Kosmos, vorbei an Wolken, bis dein Stern liebevoll und sanft wieder über deinem Kopf gelandet ist.

Stern, der dir jederzeit den Weg weist, wenn du danach fragst.

Entlasse ihn mit der nächsten Ausatmung in den Himmel. Schaue ihm hinterher, wie er aufsteigt, in die Wolken hinein.

Fliege vorbei an Vögeln, mit jeder Ausatmung noch höher – hinein in den Kosmos.

Dein Stern nimmt an Fahrt auf, rauscht vorbei an farbigen Planetenkonstellationen und strahlenden Sternengruppen. Mit dem nächsten Ausatmen noch höher – hinein in den royalblauen Nebel des Schutzes. Gleite durch den violetten Nebel der Stille und der Meditation, hinein in den rosa Nebel des Mitgefühls und der Selbstliebe.

Nimm jetzt über dir eine kleine, goldene Tür wahr. Mit der nächsten Ausatmung gehe hindurch, und sieh oder fühle, wie es um dich

Lasse jetzt vor deinem inneren Auge eine Farbe erscheinen. Mit der nächsten Ausatmung nimm wahr, wie deine Wurzeln geflutet sind und wundervoll leuchten und strahlen. Bringe die Erde zum Leuchten durch deine Verbindung mit ihr.

Das Geschenk, mit der Erde verbunden zu sein, gibt dir bedingungslose Sicherheit und maximale Flexibilität. Du bist wie Bambus im Wind: ausdauernd, flexibel und beständig. Bambus bewegt sich, ist sanft und gleichermaßen stark. Du hast die Fähigkeiten, Kompromisse einzugehen, dich den Gegebenheiten anzupassen und aus Krisensituationen ungebrochen hervorzugehen. Bambus ist immer grün, immer lebendig, immer fest verwurzelt. Stärke deine Bambus-Mentalität, und beschenke dich mit Erdung.

Lasse dein Bewusstsein wieder sanft nach oben fließen, bis du mit deiner vollen Aufmerksamkeit in der Mitte deines Brustkorbs angekommen bist.

Nimm jetzt wahr, wie aus deinem Herzchakra unzählige golden glänzende Lichtschnüre strömen. Fühle, wie mit jeder Ausatmung immer mehr Stränge entstehen und deinen Körper umkreisen. Es entsteht eine majestätische, weißgolden glänzende Gitternetz-Kugel.

Lasse die Kugel sich ausbreiten, bis sie deinen physischen Körper und all deine energetischen Körper umschließt. Vielleicht kannst du die Kugel mit deinen ausgebreiteten Armen berühren, vielleicht auch nicht. Sie ist genau so, wie es jetzt gerade für dich richtig ist.

Die Kugel dient deiner emotionalen und energetischen Abgrenzung. Nur du entscheidest, was du in deinen weißgoldenen Schutzraum hineinlässt und was von deinem Schutzschild abgehalten wird. Du entscheidest, was dich aus dem Außen erreicht und was ungefiltert zum Absender zurückgeht.

Sage laut oder in Gedanken: »Ich halte es heute für möglich, nur liebevolle und positive Aspekte an mich heranzulassen.« Du darfst dich jetzt entscheiden: »Ich sehe in jeder Situation nur das, was sich für mich gut anfühlt.«

Lasse nun um dich herum einen sanften Farbnebel entstehen, der deine Kugel von innen samtig einhüllt und erstrahlen lässt. Sage laut oder in Gedanken: »Ich entscheide mich, in jedem Moment meine selektive Wahrnehmung zu schulen. Mir ist bewusst, dass meine Gedanken meine Gefühle erschaffen und meine Gefühle meine Realität kreieren.«

Du weißt, wie es geht und wie es sich anfühlt, in deinem geschützten Raum deine Wirklichkeit zu erschaffen.

Lenke deine Aufmerksamkeit nun etwa 30 cm über deinen Scheitel. Sieh über deinem Kopf einen leuchtenden, goldenen Stern – dein

Fühle jetzt, wie bedingungslose Liebe über deinen Scheitel in deinen Körper fließt und dein ganzes Sein mit Licht erhellt.

Wie fühlt sich dein Körper jetzt an?
Was sagt dein Herz?
Was macht dein Kopf?

Mit der nächsten Ausatmung lasse dein Bewusstsein noch mal zum Herz von Mutter Erde fließen. Mit der Einatmung entlasse dein Bewusstsein über deinen geöffneten Scheitel, und fliege erneut ganz nach oben … Vater Kosmos.

Sieh oder fühle, wie die Ströme aneinander fließen, von ganz unten nach ganz oben, von ganz oben nach ganz unten.

Sage laut oder in Gedanken: »Ich weiß, ich bin ein strahlendes, göttliches Wesen, das menschliche Erfahrungen macht. Ich bin dankbar für alles, was ist, freue mich, zu wachsen und zu erblühen. So sei es, und so ist es.«

Suche dir einen ruhigen und bequemen Platz, an dem du ungestört und in Stille sein kannst. Ob du die Meditation im Sitzen oder Liegen ausführst, ist ganz deine Entscheidung. Mache es so, wie es jetzt für dich richtig ist.

Schließe deine Augen, und atme in deinen entspannten Bauch hinein und wieder aus. Du kannst durch deine Nase oder deinen Mund atmen. Wichtig ist, dass du dich wohlfühlst und den Atem leicht fließen lassen kannst. Die Atmung verankert dich im Hier und Jetzt. Sobald du den Fokus auf die Atmung lenkst, bist du ausschließlich in diesem Moment. Nur das ist gerade wichtig.

Lenke deine Aufmerksamkeit auf den Stuhl oder die Unterlage, auf der du gerade sitzt oder liegst, und erlaube dir mit jeder Ausatmung, tiefer einzusinken. Richte nun deine Wahrnehmung auf den Bereich deines unteren Rückens.

MEDITATION

FÜR ERDUNG, ANBINDUNG UND ENERGETISCHEN SCHUTZ

Bevor du in die Weite und Weisheit deines Herzens eintauchen kannst, ist es wichtig, dich zu erden und deine spirituelle Anbindung zu stärken. Der kontrollierende Verstand, der bei vielen Menschen im Alltag im Vordergrund steht, darf in den Hintergrund treten.

Dazu gibt es eine Vielzahl an Möglichkeiten, Konzepten und Ideen. Falls du bereits darin geübt bist, lasse dein Gefühl darüber entscheiden, wie du in die Verbindung mit der Erde und dem Kosmos gelangen möchtest. Wenn es für dich ein neues Feld ist oder du Lust hast, neue Wege kennenzulernen, tauche in die folgende Meditation* ein:

* Die Meditation ist auch auf CD erhältlich: Alexander Wurster: Verwurzelt im Sein – in Harmonie mit dem Selbst. Meditationen für Erdung, Anbindung und emotionale Reinigung, Schirner Verlag 2019.

Über den Autor

Alexander Wurster ist Heilpraktiker, Meditationsleiter, Coach und Energiearbeiter in eigener Praxis in Saarbrücken. Dort bietet er Menschen einen Raum der Entschleunigung, in dem Prozesse des Wachstums möglich sind. Ganzheitlich begleitet er Menschen auf ihrem Weg: raus aus dem Kopf, rein ins Herz, hin zu einem bewussteren Sein.

www.alexanderwurster.de
www.facebook.com/alexanderwurster.de

Das wäre nicht nur eine Wertschätzung für die Autoren, sondern kann dazu beitragen, dass die Verkaufszahlen steigen und der Schirner Verlag auch in herausfordernden Zeiten Bestand hat.

WIE SCHREIBT MAN EINE REZENSION?

Grundsätzlich sollte eine Rezension aus der eigenen, subjektiven Sicht geschrieben werden, da es sich um eine persönliche Meinung handelt. Du kannst in zwei Sätzen deine Gedanken zu dem Werk äußern oder eine längere Rezension verfassen. Falls du nicht weißt, wie du beginnen sollst, hier ein paar Anregungen:

- War der Text leicht verständlich geschrieben? Wie hat dir die Sprache gefallen? Wie empfandest du die Aufteilung der verschiedenen Themen?
- War es unterhaltsam? War es deiner Meinung nach mit Herzblut und Liebe geschrieben? Wie hat es auf dich gewirkt?
- Hat es dein Herz berührt? Konntest du dich wiederfinden?
- War es tief greifend genug? Hast du viel Neues gelernt?
- Hat es gehalten, was der Titel und die Beschreibung versprochen haben? Hat es deine Erwartungen erfüllt?
- Was macht das Kartenset besonders? Warum sticht es heraus im Vergleich zu anderen, die ein ähnliches Thema behandeln?
- Würdest du das Werk weiterempfehlen oder verschenken?

Nutze dieses Kartenset, um dich mit der »Ich-bin-Gegenwart« zu verbinden – jener reinen Kraft, die uns alle erhält und nährt. Wenn du diese Anbindung verstärkst, stellt sich das Gefühl tiefen Vertrauens ein. Du fühlst dich zu Hause angekommen, geliebt und beschützt. Die Karten dienen dir als Stütze bei Lebensfragen, zur Schulung deines Bewusstseins und zur Kontaktaufnahme mit unbewussten Aspekten innerer Themen. Entdecke dein wahres, strahlendes Wesen, und sei die beste Version deiner selbst!

ALLES IST VERBUNDEN.

Alexander Wurster

EINLEITUNG

Wir leben in der Zeit des großen Erwachens. Die Menschen beginnen auf individueller und kollektiver Ebene, die Illusion ihrer Begrenztheit abzulegen.

In meiner Arbeit begegnet mir der kontrollierende Verstand fast täglich. Klienten erzählen mir, wie sie mit großem Energieaufwand versuchen, Menschen, Gefühle und Situationen zu lenken. Auf diese Weise bleiben jedoch nennenswerte Erfolge aus. Frustration, Machtlosigkeit, Enttäuschung, Trauer und Wut sind oft die Folge.

Ändere deinen Fokus! Sei in Kontakt mit deinem Herzen, und vertraue darauf, dass alles so kommt, wie du es dir wünschst. Richte dich darauf aus, was du in deinem Leben begrüßen willst. Fühle es in jeder Zelle deines Körpers, und lasse Herz und Kopf gemeinsam ein wundervolles Bild kreieren.

ISBN 978-3-8434-9125-9

1. Auflage Juli 2019

Box & Layout der Karten und der Anleitung:
Elena Lebsack, Schirner, unter Verwendung
der Grafiken und des Logos des Autors
Lektorat: Claudia Simon, Schirner
Printed & bound by: Ren Medien GmbH,
Germany

www.schirner.com